Como editar seu próprio livro: um manual básico para quem quer se publicar ou ser publicado

Versão 2.0

Leandro Müller

NESPE

Rio de Janeiro
2018

Capa:
Leandro Müller

Ilustração da capa:
Luis da Silva

Revisão de texto:
João Sette Camara

Projeto gráfico e produção:
Leandro Müller

Diagramação
Lucas Hottis

Versão para Amazon KDP

CIP-BRASIL. CATALOGAÇÃO-NA-FONTE
SINDICATO NACIONAL DOS EDITORES DE LIVROS, RJ

M923c

Müller, Leandro, 1978-
   Como editar seu próprio livro : um manual básico para quem quer se publicar ou ser publicado / Leandro Müller. - 1.ed. - Rio de Janeiro : NESPE, 2018.

   Apêndice
   ISBN 978-85-54201-02-9

   1. Autoeditoração. 2. Autoria - Manuais, guias, etc. 3. Livros - Normas. 4. Editoração. 5. Editores e edição. I. Título.

10-5041   CDD: 070.5
                                                            CDU: 655.4

04.10.10   18.10.10   022051

Advertência

A dicas aqui apresentadas funcionam como uma orientação geral e, não se pode perder de vista, que cada um dos processos descritos possui uma profundidade que seguramente será melhor com a assessoria de um profissional da área.

O autor

Leandro Müller trabalha há mais de 15 anos no mercado editorial, tendo iniciado sua carreira como Assessor de Divulgação na Editora UFRJ. Acompanhou de perto a Oficina Setorial de Editoras, na qual foi gestada a LIBRE (Liga Brasileira de Editoras). Em seguida, fundou sua própria casa editorial, na qual atuou como editor executivo e coordenou a edição de revistas e inúmeros livros. Trabalhou por sete anos como livreiro na livraria da Travessa, no Rio de Janeiro, e dedica-se à atividade editorial e literária, tendo romances publicados no Brasil (*"O Código Aleijadinho"*, editora Espaço e Tempo) e na Espanha (*"Pequeño Tratado Hermético sobre Efectos de Superficie"*, Ediciones Universidad Salamanca, com prefácio de Enrique Vila-Matas). Além destes, é autor dos livros: *"Clebynho, o babalorixá aprendiz"* (Editora Pallas, 2010); *"Eu queria um livro..."* (Editora Agir, 2010), antologia de contos de livreiros da Travessa, com prefácio inédito de Rubem Fonseca; *"Fabulário Caprino e outras histórias para boi dormir"* (Ilustração, 2012); *"Clebynho e o nó górdio"* (Ilustração, 2015); *"Territorialização, desterritorialização, reterritorialização: Deleuze e Guattari e a máquina de produção de devires"* (Ilustração, 2015); e *"O Consumidor de livros: práticas de comportamento em livrarias"* (Ilustração, 2015).

É coordenador do Núcleo de Estratégia e Políticas Editoriais (www.nespe.com.br) e coordenador da pós-graduação em Edição e Gestão Editorial da Universidade Santa Úrsula.

Sumário

Apresentação

O objetivo desta obra é apresentar de maneira simples os principais elementos básicos para a composição de um livro impresso e dar uma visão geral do pensamento dos editores em relação ao processo decisório de publicação de títulos de modo que, após acabar de escrever seu próprio livro, você esteja apto para editá-lo por conta própria[1] ou preparado para enviá-lo de maneira adequada a uma editora.

Para cada um desses dois objetivos foi reservada uma parte dessa obra. A primeira parte se constitui em uma panorâmica do processo de produção de um livro, podendo-se assim compreender suas etapas e, de maneira satisfatória, aprender a realizá-las sem o auxílio de profissionais.

Na segunda parte, exporemos através de dicas o posicionamento de alguns dos principais editores brasileiros com relação a sua política de avaliação de títulos para publicação.

Alerto aos profissionais da área que não devem desconfiar desse manual, pois, sendo também editor, reconheço nossa importância no mercado editorial e, como todo bom profissional, zelo para que cada livro publicado seja editorialmente impecável, independente de quem seja seu publicador. Contudo, acima de tudo, sou um aficionado por livros que acredita a profusão de obras ser mais proveitosa do que a escassez para se encontrar bons novos autores e obras para ler. Por essa razão, sinto-me no dever de compartilhar com todos aqueles que queiram aprender uma maneira simples e eficiente de editar seu próprio livro. Com ou sem a ajuda de profissionais.

---

[1] É necessário conhecimento básico de algum processador de texto (Word, Wordpad, etc.)

Introdução

Terminei de escrever um livro: o que eu faço agora?
(ou Entendendo seus objetivos)

Após ter escrito um livro, o que se deve fazer? A primeira resposta que vem à mente da maioria das pessoas é: enviar o livro para uma editora. O que parece ser uma resposta óbvia, talvez não seja a mais adequada para você.

Há alguns anos, cair nas graças de uma editora era a única maneira de ser publicado, pois, o processo de produção do livro demandava grandes somas de dinheiro, desde pagamento aos profissionais envolvidos às gigantescas máquinas impressoras, quase exclusividade das gráficas, que exigiam a impressão de muitos exemplares para que o preço final do livro fosse acessível (tiragens acima de 1500 exemplares). Assim, o editor funcionava como um investidor, que apostava no sucesso editorial do livro para pagar seu custo de produção e obter o lucro.

Atualmente, com as novas tecnologias editoriais e os modernos equipamentos de impressão, publicar e imprimir têm se tornado cada vez mais fácil. Se antigamente era preciso um enorme investimento para produzir um livro, hoje em dia, basta um computador pessoal e uma simples impressora (algumas gráficas se especializaram em imprimir livros sobre demanda, com tiragens de até mesmo 1 único exemplar). Essa transformação do modelo editorial nos conduz ao ponto chave da questão: **antes de publicar um livro é preciso ter consciência do que se pretende alcançar com ele.**

As razões que levam alguém a escrever um livro são inúmeras, bem como os motivos que as levam a querer publicá-lo. Alguns anseiam transformar a escrita em seu ofício, outros apenas levar uma mensagem ou compartilhar um pensamento. Alguns desejam retorno econômico, outros o reconhecimento por seu talento. Seria inútil seguir enumerando a motivação de cada um, por isso, para fins práticos, dividirei os livros dois tipos: **o livro independente e o livro comercial.**

Na categoria de "livro independente" englobam-se todos aqueles títulos que não se destinam a ser editados por profissionais e são completamente desvinculados do selo de uma editora (conforme veremos mais adiante, isto não significa que ele não possa ser registrado, distribuído e vendido).

Na categoria de "livro comercial" encontram-se os livros destinados ao mercado, que necessariamente terão o selo de uma editora e serão distribuídos e comercializados por ela.

Assim, antes de prosseguirmos, reflita: **qual é seu objetivo ao publicar esse livro?**

Depois de ponderar sobre suas intenções, é preciso definir à qual categoria seu livro melhor se adequa (eventualmente ele pode se enquadrar nas duas). Por exemplo, se você quer produzir 20 exemplares de um livro de poesias para distribuir aos amigos durante sua festa de aniversário, a melhor opção é fazer um livro independente. Porém, se você tenciona publicar um romance e tornar-se escritor, talvez a melhor alternativa seja enviar o livro a uma editora, embora nada o impeça de também fazer alguns exemplares de maneira artesanal da mesma obra (desde que seu contrato com a editora permita isso).

Tendo escolhido o melhor caminho a seguir, iniciemos.

Parte I

O livro independente
(Entendendo)

Capítulo 1
O mercado editorial

Uma vez que se tenha optado por editar seu próprio livro é preciso ter uma visão geral do funcionamento do mercado editorial, dado que você terá que se relacionar e/ou ocupar o papel de cada um dos agentes do setor.

Embora existam outros produtos no mercado editorial — revistas, manuais, audiolivros, e-books, etc —, o livro é o produto por excelência do mercado editorial e é em função dele que se movimenta a cadeia produtiva do livro. Os principais agentes dessa indústria são: o autor, a editora, a gráfica, o distribuidor, o ponto de venda e o consumidor.

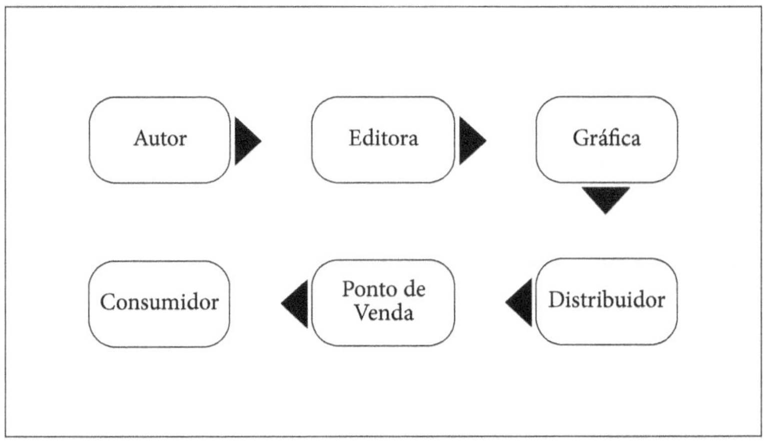

O autor

O autor é o responsável pela redação e/ou composição da obra que será editada. A essa obra chamamos "original", que pode ser considerada como a "matéria-prima" que o autor entrega ao editor para produção de um livro. O original pode ser de diversos tipos: romances, poesias avulsas, coletâneas de textos, compilações de tabelas e fórmulas, fotografias, leis, etc.

A editora

Na editora está a equipe técnica responsável por transformar o original em um livro acabado e pronto para ser comercializado. Tendo optado por editar seu próprio livro, será você a ocupar esse papel e a realizar todas suas funções (nos capítulos seguintes abordaremos a maneira como esse processo acontece). Atualmente, com a possibilidade da terceirização de funções, há editoras que funcionam com poucas pessoas — às vezes, uma só! —, contratando freelancers para realizar a produção do livro.

A gráfica

A gráfica é responsável pela impressão do livro. Algumas editoras maiores possuem seu próprio parque gráfico, porém, é muito comum a utilização de gráficas terceirizadas para realizar esta etapa da produção.

O distribuidor

Como o próprio nome sugere, o distribuidor é aquele que distribui os livros para os pontos de venda. Tal como acontece com as gráficas, algumas editoras possuem seu próprio sistema de distribuição, enquanto outras preferem contratar empresas que se dedicam exclusivamente ao processo.

Caso tencione comercializar seu livro independente, o mais adequado é que você entre em contato pessoalmente com os pontos de venda que julgar de maior interesse. Hoje em dia, com as facilidades da internet, é não é difícil disponibilizar seu livro para venda.

O ponto de venda

Os principais pontos de venda do livro continuam sendo as livrarias, embora não tenham mais a soberania de outros tempos. A internet também apresenta excelentes resultados com relação à venda de livros. Bancas de jornal, lojas de departamento e supermercados são alternativas para pontos de venda (porém, sua participação é mais significativa nas vendas de determinados tipos de livros, como best-sellers, livros de bolso, etc).

Vale notar que algumas livrarias e sites aceitam vender livros de autores independentes. Portanto, se quiser colocar seu livro independente à venda, entre em contato com o Departamento de Compras dos pontos de venda e peça para enviar seu livro para análise de interesse.

O consumidor

Em geral, o consumidor é o principal motivador do mercado editorial e é para atraí-lo que toda produção do livro se destina. Talvez esse não seja seu caso, o que permite que você tenha mais liberdade em suas escolhas editoriais.

***

Concluída essa breve exposição sobre o funcionamento do mercado editorial e seus principais agentes, passemos ao entendimento do processo de produção do livro.

Capítulo 2
O processo produtivo do livro

Pode-se afirmar que a editora é a responsável pela concretização do livro. É por meio de sua estrutura e de seus profissionais que uma obra ganha forma e se torna um objeto físico.

É interessante notar que não há uma regra ou fórmula rígida que determina a estrutura de uma casa editorial. Isso se deve ao fato de existirem variadas maneiras de realizar o mesmo processo, obtendo resultados semelhantes.

Ainda assim, consegue-se destacar três departamentos principais (ou funções principais) que uma editora comporta. O "Departamento Administrativo" é responsável pelo controle de finanças da editora, pagamento de pessoal, etc. Como essa atividade interessa pouco ao nosso "livro independente" não dedicaremos muito tempo a ela. O "Departamento Comercial" cuida das vendas, acertos de consignação, distribuição, marketing, etc. Finalmente, temos o "Departamento Editorial", no qual estão os responsáveis técnicos de concretizar o livro propriamente dito.

A estrutura do Departamento Editorial também é variável, mas sempre deve atender as necessidades da produção do livro, em maior ou menor grau. Assim, pode-se resumir o processo produtivo do livro da seguinte maneira:

Após a conclusão da obra, o **Autor** envia o original ao **Editor** que, optando por publicar o livro, o remete ao **Copidesque** ou **Preparador de Originais** que, ao acabar sua tarefa, o encaminha ao **Revisor de texto**. Este, envia ao **Paginador/Diagramador.** Ao término da paginação o texto segue novamente para o **Revisor** que, por sua vez, o devolve ao **Paginador/Diagramador** para que faça a inserção da correção dos erros e o fechamento do arquivo para impressão. Em alguns casos pode acontecer uma terceira e/ou quarta revisão (o recomendado é que um livro passe ao menos por três revisões de texto). Simultaneamente a todo o processo, a capa é encomendada ao **Capista** e, geralmente, o **Diagramador** fica encarregado pelo projeto gráfico do miolo. Concluídas essas etapas, o livro é impresso, podendo passar à etapa de pós-produção: distribuição, comercialização e divulgação (ver fluxograma a seguir).

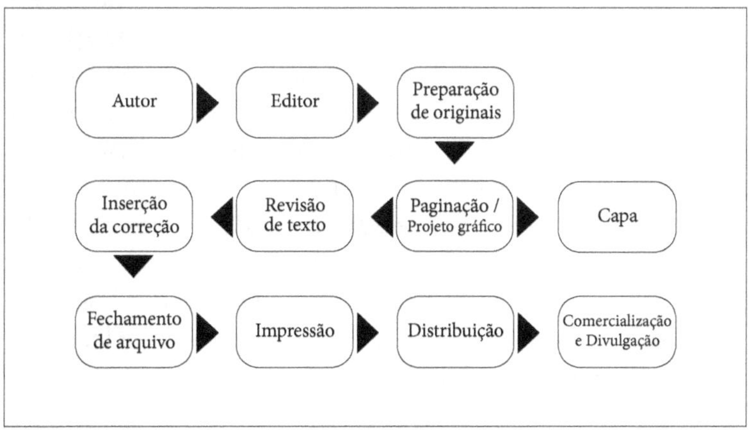

Analisaremos nos próximos capítulos mais detalhadamente cada uma dessas etapas demonstrando de maneira prática como você mesmo pode realizar cada uma delas. Porém, antes de prosseguirmos, vamos entender melhor o que é um livro e as partes que o compõe.

Capítulo 3
O produto: estrutura geral do livro

Você escreveu um livro e quer publicá-lo, ou seja, materializá-lo na forma de um objeto palpável. Então, esqueça o romantismo e comece a pensar no seu livro como um produto, um objeto que deve ser produzido. **Mas o que é um livro e de que ele se compõe?**

Não é nossa intenção tecer longas explicações teóricas sobre o que é um livro e etc., mas para sua boa realização deve-se compreender as partes que o constituem. Embora a terminologia técnica não seja importante para sua boa execução, optamos por utilizá-la, de modo que o leitor possa se familiarizar com as expressões caso deseje futuramente se aprofundar em leituras complementares (indicamos uma bibliografia básica em anexo).

Existem muitos tipos de livros e cada um deles possui uma estrutura e elementos muito particulares. Um livro didático é diferente de um livro de literatura que, por sua vez, se distingue de um livro de poesia e assim por diante.

A seguir, vamos analisar brevemente cada um dos elementos mais comumente encontrados nos livros e sua função, levando em conta sua importância num livro independente. Caso tenha interesse em se aprofundar no tema, recomendamos a leitura do livro **"Paratextos editoriais"** de Gérard Genette.

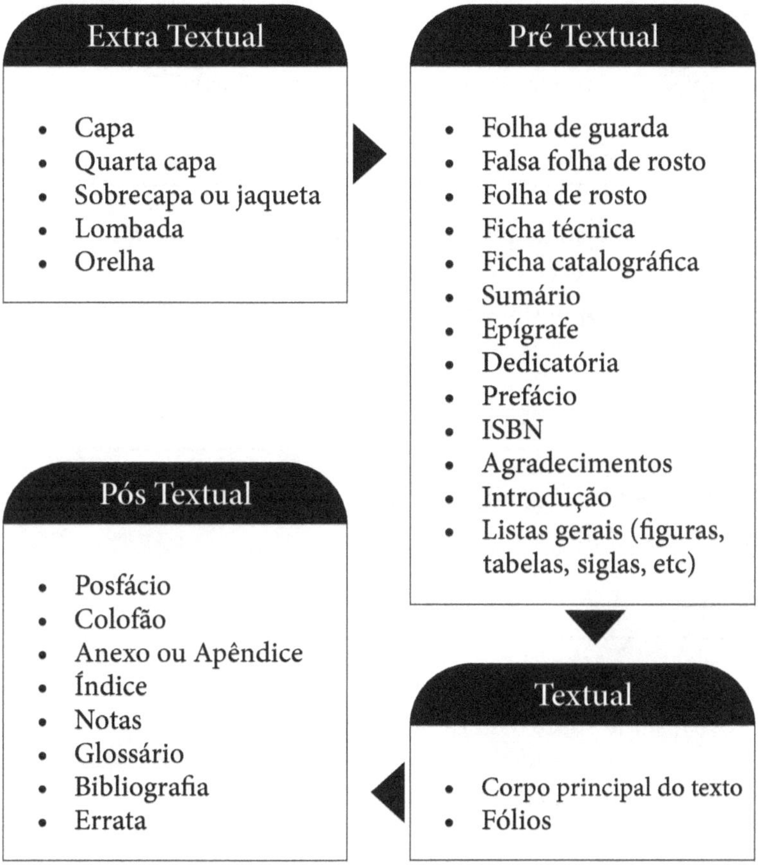

Extra Textual

- Capa
- Quarta capa
- Sobrecapa ou jaqueta
- Lombada
- Orelha

Pré Textual

- Folha de guarda
- Falsa folha de rosto
- Folha de rosto
- Ficha técnica
- Ficha catalográfica
- Sumário
- Epígrafe
- Dedicatória
- Prefácio
- ISBN
- Agradecimentos
- Introdução
- Listas gerais (figuras, tabelas, siglas, etc)

Textual

- Corpo principal do texto
- Fólios

Pós Textual

- Posfácio
- Colofão
- Anexo ou Apêndice
- Índice
- Notas
- Glossário
- Bibliografia
- Errata

Capa:

A capa possui a função de proteção e apresentação. Ela deve se adequar ao conteúdo do livro e o público-alvo ao qual ele se destina (mais adiante dedicaremos um capítulo exclusivo para a composição da capa, 4ª capa, lombada e orelhas).

4ª capa ou Contracapa

Possui função de proteção e geralmente contém informações adicionais sobre o conteúdo do livro. Eventualmente apresenta uma sinopse, opiniões de terceiros sobre a obra ou mesmo passagens do texto na íntegra.

Lombada:

Apresenta o título da obra, o nome do autor e o logotipo ou nome da editora.

Orelhas:

Em geral, as orelhas apresentam uma sinopse da obra e um breve resumo sobre o autor do livro.

Sobrecapa ou jaqueta:

Não é utilizado com frequência. Trata-se de um envoltório adicional à capa do livro para protegê-lo melhor ou para apresentar uma nova roupagem ao livro, geralmente divulgando uma informação importante após a sua publicação (por exemplo, no caso de vencer um prêmio ou tornar-se um filme).

Folha de guarda:

Folha em branco com função de proteção e reforço ao acabamento do livro. Apresenta-se imediatamente após a capa e antes da 4ª capa.

Falsa folha de rosto:

Contém apenas o título do livro e no verso não há nada impresso.

Folha de rosto:

Apresentação de dados da obra. Deve conter o título do livro, o nome do autor, a editora, a cidade e o ano de publicação. No verso se encontram os dados de direito autoral (copyright), a ficha técnica e a ficha catalográfica.

Ficha técnica:

Traz informações sobre a equipe técnica que produziu o livro (capista, revisor de texto, editor, etc.)

Ficha catalográfica:

Embora não seja obrigatória, sua presença ocorre com bastante frequência. Nela se encontram informações para catalogação do livro em bibliotecas, acervos e pontos de venda. O número de ISBN deve estar presente aqui.

Com alguma pesquisa na internet é possível aprender a fazer a ficha catalográfica, mas usualmente ela é elaborada por bibliotecários experientes.

ISBN:

Sigla de *International Standart Book Number*. Trata-se de um número único de registro do livro obtido em órgãos autorizados. No Brasil, é a Agência de ISBN (www.isbn.bn.br), vinculada a Fundação da Biblioteca Nacional, que fornece esse número.

Sumário:

Constitui-se na exposição dos títulos dos capítulos do livro com as respectivas páginas onde se iniciam. Não se deve confundir com os índices, sendo o mais comum o índice remissivo, que vem ao final do livro e apresenta palavras-chave as respectivas páginas nas quais se encontram.

Epígrafe:

Frase de abertura que tem como objetivo criar atmosfera ao texto que se inicia.

Dedicatória:

Indicação do autor para quem a obra é dedicada.

Agradecimentos:

Lista de pessoas a quem o autor atribui importância e gratidão para a realização do livro.

Prefácio:

Texto de apresentação ou esclarecimentos sobre a obra, geralmente feito por um convidado do autor ou da editora.

Introdução:

Introdução ao texto principal na qual o autor discorre em linhas gerais sobre o assunto que será tratado.

Listas gerais:

Listas de tabelas, gráficos, figuras, etc.

Elementos Textuais

Corpo:

Corpo é o nome dado ao texto principal, isto é, à narrativa ou às informações que constituem o livro em si.

Fólios:

Nome dado aos elementos presentes nas páginas do corpo do livro que não fazem parte do corpo do texto, como a numeração de página, o cabeçalho e o rodapé.

Elementos Pós-textuais

Posfácio:

Elemento que acrescenta informações adicionais ao melhor entendimento ou aproveitamento do texto. Também geralmente escrito por terceiros.

Colofão:

Inserido na última página do livro, traz informações sobre a tipologia utilizada, o corpo das fontes e o local de impressão.

Anexo ou Apêndice:

Todo tipo de material auxiliar ao texto: gráficos, tabelas, figuras, documentos, mapas, etc.

Índice remissivo:

Apresenta palavras-chave e as respectivas páginas na quais se encontram.

Notas:

Podem ser inseridas no rodapé das páginas ao longo do corpo do texto, no final de cada capítulo ou no final da obra.

Glossário:

Lista de explicações a termos técnicos utilizados.

Bibliografia:

Fontes nas quais o autor se baseou para composição do texto.

Errata:

Inserida após a impressão do livro, em folha solta, quando detectado algum erro durante a fase de industrialização do livro.

***

Entendendo cada um desses elementos e sua função, é possível decidir quais deles devem ou não estar presentes no seu livro.

Finalmente chegou o momento de colocar na prática tudo o que vimos até aqui. Separe seus arquivos de texto e prepare-se para produzir seu próprio livro.

Parte II

O livro independente
(Realizando)

Capítulo 4
A preparação de originais

O processo de produção de um livro numa editora começa a partir do recebimento de um original, isto é, do texto bruto que um autor envia para que seja transformado em livro. Preparar esse original para publicação é uma das etapas mais delicadas da edição, pois, em geral, os autores não se prendem às formas, regras e normatizações. A preparação do original serve justamente para dar uma unidade coerente ao texto.

Quando a preparação de um original é feita profissionalmente, é preciso prestar atenção em inúmeros detalhes para deixar o texto em conformidade com certas regras e normas estabelecidas. Contudo, não é nossa intenção analisar minuciosamente cada pormenor da preparação de originais, mas sim, fornecer um mínimo de informações necessárias para que você mesmo possa cumprir essa etapa satisfatoriamente.

Talvez você esteja se perguntando como conseguirá preparar um original sem conhecer as tais "regras e normas estabelecidas". Não é preciso se preocupar com isso agora, pois não há somente um único modelo de normatização a ser seguido. Embora a maioria das editoras brasileiras sigam o padrão sugerido pela ABNT (Associação Brasileira de Normas Técnicas), nós podemos optar por uma normalização e coerência interna que respeite seu próprio padrão. Sendo o próprio autor a fazer a preparação de originais, infelizmente, faltará a você o distanciamento crítico necessário para tratar questões de estilo, ortografia e clareza. Porém, estes problemas podem ser sanados futuramente na etapa de revisão de texto

A seguir descreveremos de modo didático a maneira que consideramos mais adequada para você preparar independentemente o original de seu próprio livro.

Seu livro na prática
(Preparação do original)

1) Separe em uma pasta os arquivos que compõem o livro que deseja editar.

2) Abra um novo arquivo em branco e salve com o título do seu livro, doravante denominado "Original".

3) Copie e cole cada um dos arquivos que compõem o corpo do seu livro no arquivo "Original" (as partes pré-textual, pós-textual e extra-textual serão trabalhadas posteriormente).

4) Formate as páginas com dimensão de 14cm x 21cm e margens 2cm[2].

5) Formate o texto em fonte Times New Roman, corpo 12, alinhamento justificado e entrelinhamento 1,5[3].

6) Leia o "Original" e verifique os seguintes itens:

    a) Pontuação no mesmo padrão em todas as partes do texto.

    b) Maiúsculas e minúsculas respeitadas de forma coerente.

    c) Parágrafos alinhados de maneira idêntica.

    d) Negrito, itálico e caracteres especiais usados de forma coerente.

    e) Aspas e citações unifomizadas.

    f) Divisão de capítulos de forma adequada.

---

[2] Formato padrão adotado por questões de melhor aproveitamento do papel no momento da impressão

[3] Predileção pessoal de formatação. No capítulo sobre Identidade Visual apresentaremos outras opções.

Para ilustrar e facilitar a compreensão do processo de produção do livro independente, em cada capítulo seguinte incluirei também o exemplo da confecção deste próprio livro seguindo todas as etapas da composição independente.

"Como editar seu próprio livro"
(Preparação do original)

Originalmente os capítulos de nosso livro foram escritos em arquivos diferentes em formato ".doc", por isso, após a conclusão do texto reunimos tudo em um só arquivo o qual denominamos "Como editar seu próprio livro".

Estando todo texto reunido em um só arquivo formatamos as páginas do documento de modo que tivesse o formato 14cm x 21cm e margens de 2cm. O texto foi formatado em fonte Times New Roman, corpo 12, alinhamento justificado e entrelinhamento 1,5. Títulos centralizados em negrito.

Em seguida, verificamos a coerência interna do texto observando os mesmos itens sugeridos anteriormente.

Capítulo 5
A identidade visual

Desenvolver um bom projeto gráfico-visual é extremamente importante, não só por motivos estéticos, mas também para facilitar a fluência da leitura. Por isso, antes de começar a pensar no seu livro, analise outros já prontos e veja como cada um dos elementos foi formatado e inserido no contexto.

O primeiro passo para definir a identidade visual do livro é formatar a estrutura da página, ou seja, o espaço em branco sobre o qual iremos aplicar o original.

Conforme sugerimos no capítulo anterior, formate o **tamanho da página** nas dimensões desejadas (recomendamos o formato 14cm x 21cm). Em seguida, determine as **margens** (sugerimos entre 2cm e 2,5cm). A margem interna deve ser 0,5 cm maior do que a margem externa, pois há uma perda de espaço quando as folhas entram na lombada do livro. Este espaço delimitado pelas margens chama-se "Mancha gráfica", é dentro dele que trabalharemos o original (exceto pelos fólios, que se situam fora da mancha gráfica).

Na etapa seguinte, devemos definir a **tipografia**, isto é, escolher as fontes que utilizaremos para formatar o texto. O estudo da tipografia é um pouco mais complexo do que apresentamos aqui, mas simplificadamente podemos dizer que existem cinco principais especificações de fontes segundo sua aplicabilidade:

- *romana* (desigualdade nos traços e serifas triangulares): ideal para textos longos; muito usada em livros, jornais e revistas.
- *bastão* (simetria e ausência de serifas): possui boa fluência de leitura, ótima para títulos e fontes com corpo pequeno.

• *egipciana* (simetria e serifas retangulares): dá uniformidade ao texto, mas não possui boa legibilidade, muito usada para roteiros cinematográficos.

• *cursiva* (sinuosa, imita a caligrafia manuscrita): acrescenta um cunho pessoal ao texto, mas apresenta dificuldade de leitura.

• *fantasia* (apresenta letras com arte elaborada): dificuldade de leitura, mas acrescentam muito esteticamente. Deve ser usada com moderação.

O ideal para nós é obter uma programação visual limpa e, por isso, sugerimos a utilização de apenas uma ou duas família de tipos, sendo uma necessariamente romana (que possui excelente fluência de leitura) e outra bastão (para números de página, cabeçalho, rodapé e notas)4, como por exemplo Times New Roman e Arial, duas fontes reconhecidas facilmente por quase todos os *softwares* e livres de problemas de propriedade intelectual.

Após a escolha do tipo, vamos definir o **alinhamento** do texto, que pode ser realizado de 4 formas:

• *Alinhado à esquerda:* o texto alinhado dessa forma possui melhor legibilidade, pois as palavras ficam equidistantes entre si, cansando menos os olhos durante a leitura.

• *Alinhado à direita:* mais utilizado quando há inserção de citações no começo de algum texto.

---

4 Estes itens também podem ser formatados com fonte romana.

• *Centralizado:* usado geralmente nos títulos.

• *Justificado:* apesar não ter a mesma legibilidade do alinhamento à esquerda, é forma mais usada, devido à unidade estética que proporciona. Quando esta forma é usada, é importante permitir que o texto seja hifenizado, para otimizar o espaço entre as palavras.

Recomendo que o texto principal seja justificado e os títulos centralizados. Prefácio, introdução e posfácio também ficam melhores justificados com seus títulos centralizados. Obviamente, cada projeto possui suas singularidades; e alterações e gostos pessoais podem ser inseridos no projeto.

Os elementos da falsa folha de rosto, folha de rosto, ficha técnica, ficha catalográfica, ISBN, colofão podem ser centralizados.

É mais adequado alinhar a dedicatória e a epígrafe à direita.

O **corpo da fonte** é medido em uma unidade chamada "ponto". Definir o tamanho adequado para fonte é fundamental para boa legibilidade. A prática estabeleceu que o corpo 11 no texto principal é bastante satisfatório para um grande número de leitores, mas é importante saber que não existem regras rígidas que estabeleçam qual é o tamanho ideal para leitura. Livros de bolso, por exemplo, podem apresentar fontes reduzidas com corpo de até 8 pontos, enquanto é comum encontrar em livros para crianças fontes de 14 ou mais pontos, de acordo com a idade do leitor.

Recomendo corpo de 10 a 12 pontos para o texto principal e corpo 13 ou 14 para os títulos. Prefácio, introdução e posfácio seguem o mesmo padrão.

Os elementos da falsa folha de rosto e da folha de rosto podem ser formatados com corpo maior, dependendo da extensão do título e o nome do autor. Já a ficha técnica, a ficha catalográfica, as notas e o colofão são melhores apresentados com corpo 9 ou 10.

Sumário, bibliografia, glossário, dedicatória e epígrafe podem apresentar o mesmo corpo do texto principal.

O **entrelinhamento** também é um fator determinante à legibilidade do texto. Tal como acontece com o corpo da fonte, não há regras que estabeleçam sua dimensão ideal, embora, usualmente, formate-se a entrelinha de acordo com o tamanho da fonte. Particularmente, prefiro utilizar o espaçamento entre 1,2 e 1,5 (uma linha e meia), quando o corpo é de 11 ou 12.

A **numeração de página** pode ser inserida em qualquer lugar fora da mancha gráfica. Normalmente é encontrada nas extremidades externas superiores ou inferiores de cada página, mas não é errado utilizá-la em espaços intermediários horizontal ou verticalmente. Dependendo da tipografia utilizada, o corpo 10 é bastante adequado. É comum que a parte pré-textual não receba numeração ou receba numeração diferenciada (geralmente em números romanos).

Seu livro na prática
(Identidade Visual)

1) Formate a **página** e as **margens** nas dimensões desejadas.

2) Escolha as **fontes** que irá utilizar.

3) Defina o **alinhamento** pretendido para a parte textual e cada um dos elementos da parte pré-textual e pós-textual.

4) Defina o **corpo** da fonte para a parte textual e cada um dos elementos da parte pré-textual e pós-textual.

5) Estabeleça o **entrelinhamento**.

6) Estabeleça a localização da **numeração de página**.

Se tiver dúvidas sobre a adequação de sua escolha a determinados elementos, observe outros livros e analise como eles foram utilizados. Procure modelos e exemplos para se inspirar.

"Como editar seu próprio livro"
(Identidade Visual)

Optei pelas seguintes características para definir a identidade visual de nosso livro:

As páginas terão dimensão 14cm x 21cm com margens superior, inferior e externa de 2cm; margem interna de 2,5 cm.

Utilizarei a fonte Minion Pro para todos os elementos do livro.

Adotei sempre o entrelinhamento de 1,5.

A numeração de página será inserida nas extremidades inferiores das páginas com corpo 10 em negrito.

Na falsa folha de rosto o título estará centralizado com corpo 14.

Na folha de rosto o título estará centralizado com corpo 14, o nome do autor centralizado com corpo 12, a data e cidade centralizados com corpo 10 e a logomarca da editora centralizada.

O copyright, a ficha catalográfica e a ficha técnica estarão centralizados com corpo 10.

O sumário estará alinhado à esquerda com corpo 11.

Os agradecimentos estarão s à direita com corpo 11.

A apresentação, a introdução e o texto principal estarão justificados com corpo 11. Os títulos serão centralizados com corpo 12. Entre os títulos e o corpo do texto deixaremos duas linhas de espaçamento.

O colofão estará centralizado com corpo 10.

Capítulo 6
A capa (4ª capa, orelhas e lombada)

Anteriormente foi mencionado que a capa, a 4ª capa, a lombada e as orelhas possuem a função de proteção, acabamento e apresentação, por isso, a composição desses itens é essencial para determinar a identidade do seu livro. Apresentarei alguns caminhos, mas a verdade é que, nesta etapa, o domínio da técnica prevalece e os amadores encontrarão alguma dificuldade na confecção destes elementos.

Orelhas

São opcionais. Caso opte por utilizá-las, sugiro que em uma delas inclua uma sinopse sobre o livro e, na outra, um breve resumo sobre o autor. Suas dimensões podem variar de acordo com a necessidade (geralmente 6cm são o suficiente). Elas também podem conter desenhos ou permanecer em branco. Havendo texto, recomenda-se corpo 10 ou 11.

Lombada

Contém o título do livro, nome do autor e logomarca da editora (se houver editora). O texto pode ser posicionado de 3 formas: na horizontal (somente em caso de livros muito grossos), de cima para baixo e de baixo para cima. A ABNT (norma NBR 12225) recomenda que o texto seja colocado de cima para baixo, pois quando o livro é colocado em algum lugar com sua capa voltada para cima, o texto da lombada fica posicionado corretamente para leitura.

O corpo da fonte varia de acordo com as dimensões da lombada. Em caso de lombadas finas, recomendamos que seja usada uma fonte bastão em negrito que ocupe grande parte de sua espessura. Quando a lombada for mais grossa, use uma fonte bastão em negrito com corpo de tamanho razoável e centralize o texto.

Cuide para que a cor do texto e do fundo sejam bem contrastantes (preto e branco, por exemplo). Evite desenhos e texturas, pois lombadas com fundo de uma só cor são mais fáceis de ler e localizar entre outros livros.

> A espessura da lombada varia de acordo com o número de páginas do livro e a gramatura do papel. Sugiro que seja utilizada uma gramatura de 75g ou 80g. Nesse caso, para cada 100 páginas a lombada terá aproximadamente 0,5cm.
>
> Para calcular as dimensões da lombada, sugiro que utilize o site da Chambril, importante fabricante de papéis: http://www.portalchambril.com.br/index.php/br/area-do-grafico/calculadora

4ª capa

Traz informações adicionais sobre o livro. É frequente o uso de comentários de outros autores sobre o livro ou autor da obra; a inclusão de trechos do próprio livro; a sinopse do livro; etc. Eventualmente pode ser até deixada em branco ou com uma ilustração. Os recursos que podem ser utilizados são muitos, por isso, recomendo que analisem outros livros e definam quais são as necessidades de seu projeto.

Capa

Apresenta o livro. Deve conter em destaque e de forma legível o título e o nome do autor. Também traz a logomarca da editora. A estética é fundamental.

Caso não se sinta capaz de elaborar uma capa, seja por falta de domínio técnico de um software adequado, seja por outro motivo qualquer, algumas gráficas de impressão sob demanda possuem uma série de capas padrão para oferecer. Geralmente são bastante simples, mas cumprem bem seu papel.

Seu livro na prática
(Capa)

Para criar sua própria capa é recomendável que você tenha conhecimentos básicos de algum software de edição de imagem, como Illustrator, InDesign, CorelDraw, Photoshop, etc.

1) Crie uma página com dimensões adequadas ao seu livro, o qual denominaremos "capa aberta".

Quando pensamos na composição da capa de um livro é preciso imaginá-la como um todo. Logo, sua dimensão será definida pela altura e por sua largura. A altura será a mesma para todos os itens, por sua vez, a largura será definida pela soma da largura de todos elementos: capa + 4ª capa + lombada + orelhas.

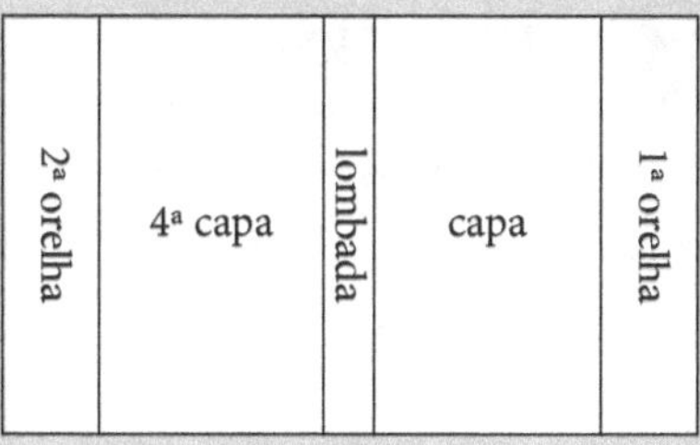

Por exemplo: suponhamos que seu livro possua 100 páginas e o formato 14cm x 21cm (capa fechada). Então, a altura será de 21cm; e a largura, de 2ª orelha + 4ª capa + lombada + capa + 1ª orelha. Ou seja: 6cm + 14cm + 0,5cm + 14cm + 6cm = 40,5cm. Assim, a capa aberta do seu livro terá 40,5cm x 21cm.

Ao formato final, acrescente 0,6cm em cada dimensão, que será o espaço destinado à sangria, ou seja, uma margem de segurança para a qual extrapolaremos a imagem da capa a fim de evitar erros de corte.

2) Insira os elementos da capa
3) Insira os elementos da lombada
4) Insira os elementos da 1ª orelha
5) Insira os elementos da 2ª orelha
6) Insira os elementos da 4ª capa
7) Salve o arquivo em formato PDF.

"Como editar seu próprio livro"
(Capa)

Compus a capa utilizando InDesign.
Em primeiro lugar criei a página no formato adequado.
Em seguida, inseri na capa o título, o autor e uma figura de fundo.
Na lombada coloquei o título e o autor.
Na primeira orelha, uma sinopse sobre o livro.
Na segunda orelha, uma breve apresentação do autor.
Na quarta capa, frases de profissionais do setor editorial.
O arquivo foi salvo em formato PDF.

Capítulo 7
A paginação

A paginação é o momento de colocar em prática o que foi estabelecido sobre a identidade visual e sua estruturação no formato escolhido. Cada um dos elementos presentes no livro deverá ser colocado individualmente em seu devido lugar segundo os planos que foram estipulados anteriormente.

Seu livro na prática
(Paginação)

Formate página a página cada um dos elementos de acordo com seu projeto gráfico.

1) Formate a parte pré-textual e seus elementos.
2) Formate a parte textual e seus elementos.
3) Formate a parte pós-textual e seus elementos.

"Como editar seu próprio livro"
(Paginação)

De acordo com o projeto gráfico planejado, formatei o projeto página por página, na seguinte ordem: falsa folha de rosto, folha de rosto, copyright, ficha técnica, ficha catalográfica, sumário, agradecimentos, numeração de página, apresentação, introdução, texto principal e colofão.

Capítulo 8
A revisão

Ao redigir um texto é muito comum que aconteçam erros de digitação ou mesmo pequenos deslizes gramaticais. Como estamos "viciados" na nossa própria linguagem, esses erros nos passam despercebidos e, por esse motivo, precisamos da ajuda de terceiros nesta etapa da produção do livro.

Não é preciso contratar um revisor profissional ou um professor de português para corrigir sua publicação. Obviamente, um revisor de texto profissional estará mais apto a encontrar e corrigir eventuais erros, mas um amigo com razoável conhecimento da língua pode cumprir esse papel satisfatoriamente.

Seu livro na prática
(Revisão)

1) Imprima e entregue seu texto já paginado para um "revisor".

"Como editar seu próprio livro"
(Revisão)

Enviei uma cópia impressa do texto paginado a um "revisor".

Capítulo 9
A inserção de correção

A inserção de correção acontece após receber do revisor o texto paginado corrigido. Cada correção deve ser analisada e, em caso de concordância, o texto deve ser alterado para a nova forma.

Seu livro na prática
(Inserção de correção)

1) Insira, página a página, as correções.

"Como editar seu próprio livro"
(Inserção de correção)

Inseri as correções recomendadas pelo revisor.

Capítulo 10
O registro

Oficialmente, existem duas formas de registrar um livro no Brasil, ambas associadas à Fundação Biblioteca Nacional: o Escritório de Direitos Autorais (EDA) e a Agência Brasileira de ISBN. Atualmente também existe a possibilidade de utilizar a plataforma HoodID.

O registro no EDA tem por objetivo resguardar os direitos intelectuais de determinada obra. Conforme vemos no site do EDA, tal registro "permite o reconhecimento da autoria, especifica direitos morais e patrimoniais e estabelece prazos de proteção tanto para o titular quanto para seus sucessores". No site da Fundação Biblioteca Nacional encontra-se a tabela de preços para os serviços oferecidos pelo EDA.[5]

O ISBN é um sistema internacional padronizado criado para facilitar a identificação dos livros segundo o título, o autor, o país, a editora, individualizando-os inclusive por edição. No Brasil, é a Fundação da Biblioteca Nacional a responsável pela emissão dos números de identificação atribuídos aos livros editados no país. Para obter um número de ISBN para sua publicação é necessário estar cadastrado na Agência Brasileira de ISBN. Valores e informações gerais sobre os serviços também estão disponíveis no site da Fundação da Biblioteca Nacional.[6]

O HoodID é uma empresa nascida em Recife especializada no registro da declaração de autoria online de obras intelectuais, com a mesma validade das formas citadas anteriormente. Sua maior vantagem é ser feita online e em pouco tempo[7].

---

[5] Em maio de 2018 o valor de registro de obra para Pessoa Física era de R$20.

[6] Valor do cadastro de Pessoa Física em maio de 2018: R$270. Valor por número de ISBN: R$20.

[7] Os valores são variados para cada gênero de escrita, mas em maio de 2018, um texto de ficção poderia ser resgistrado por R$ 29,88.

Escritório de Direitos Autorais:
Rua da Imprensa, nº16, 12º andar, Castelo – Rio de Janeiro –
RJ – CEP 20030-120
Telefones: (21) 2262-0017 / (21) 2220-0039 /
Fax: (21) 2240-9179
e-mail: eda@bn.br
Horário de atendimento: de 2ª a 6ª feira, das 10 às 16h
https://www.bn.br/servicos/direitos-autorais

Agência Brasileira de ISBN:
Rua Debret, nº 23, sala 803, Centro, Rio de Janeiro, RJ -
CEP 20030-080
Telefones: (21) 2220-1707 / (21) 2220-1683 / (21) 2220-1981 /
FAX: (21) 2220-1702
e-mail: isbn@bn.br
Horário de Atendimento: de 2ª a 6ª feira, 10h às 16h (na própria
agência) e 9h às 16h (pelo telefone)
http://www.isbn.bn.br/

HoodID:
https://www.hoodid.com/site/

Seu livro na prática
(Registro)

• No Escritório de Direitos Autorais:
    1) Imprima e pague o GRU no valor do registro[8]
    2) Compareça ao balcão do EDA levando:
        a) Formulário de requerimento devidamente preen-
        chido
        b) Fotocópia do comprovante de depósito do GRU

---

[8] Formulários e guias de pagamento podem ser encontrados no site da FBN.

c) Fotocópia da identidade
d) Fotocópia do CPF
e) Fotocópia do comprovante de residência
f) Uma cópia da obra inédita a ser registrada

• Na Agência Brasileira de ISBN (é preciso ser cadastrado):
1) Baixe no site da FBN o arquivo da ficha de solicitação do ISBN
2) Faça o depósito no valor do registro de ISBN na conta especificada
3) Compareça a Agência Brasileira de ISBN levando:
a) Comprovante de depósito
b) Ficha de solicitação de número de ISBN devidamente preenchida
c) Folha de rosto impressa da publicação

"Como editar seu próprio livro"
(Registro)

Como já possuo cadastro na Agência Brasileira de ISBN optei por obter o número de ISBN como forma de registrar o livro.

Capítulo 11
O fechamento

A etapa de fechamento constitui-se no ato de preparar os arquivos já editados e prontos de seu livro para impressão final, de modo a prevenir possíveis problemas de incompatibilidade de *softwares* e erros de leitura de arquivo.

Atualmente, a maneira mais simples e aceita no mercado para executar esse processo é salvar os arquivos finais do livro (o miolo e a capa aberta) no formato ".PDF" — existem outros detalhes, mas um pouco complexos para quem não está familiarizado. Outros formatos de arquivo podem não ser reconhecidos por determinados equipamentos gráficos ou podem se desconfigurar ao serem abertos indevidamente.

Alguns *softwares* são capazes de gerar arquivos ".PDF", mas caso tenha dificuldade, é possível utilizar *softwares* exclusivos para isso, como por exemplo o "PDF Creator" ou o "Free PDF Convert", facilmente encontrados na internet.

Seu livro na prática
(Fechamento)

1) Salve o arquivo da "capa aberta" no formato ".PDF".
2) Salve o arquivo do "miolo" no formato ".PDF".

"Como editar seu próprio livro"
(Fechamento)

Os arquivos de "capa aberta" e "miolo" foram salvos no formato ".PDF".

Capítulo 12
A impressão

Fechados os arquivos em ".PDF" para impressão, finalmente, pode-se dar forma concreta ao livro. Entre em contato com duas ou três gráficas e solicite um orçamento para impressão fornecendo os dados da publicação: formato, número de páginas, tiragem, se possui orelhas ou não, se existem páginas coloridas no miolo, etc. (Não se baseie apenas pelo melhor preço, procure saber também sobre a qualidade de impressão, prazos de entrega, confiabilidade da empresa, etc.)

Escolhida melhor opção, certifique-se do modo mais adequado de enviar os arquivos fechados. Quase todas as gráficas aceitam receber os arquivos por e-mail, mas outras preferem receber de outras formas. Se os arquivos tiverem tamanho grande (acima de 10MB), é mais seguro enviá-los por sites de transferência, ou mesmo levar em um pendrive.

Após o envio dos arquivos, verifique se que foram corretamente recebidos e não houve problema de incompatibilidade com o sistema da gráfica.

> Sua parte está feita! Se tudo correr bem, no prazo estipulado pela gráfica você terá seu livro pronto nas mãos.

Seu livro na prática
(Impressão)

1) Informe-se sobre o funcionamento de algumas gráficas.
2) Solicite orçamento.
3) Envie os arquivos fechados para a gráfica.
4) Verifique com a gráfica se os arquivos foram recebidos corretamente e não apresentam problemas de leitura.
5) Aguarde e busque seu livro quando estiver pronto.

"Como editar seu próprio livro"
(Impressão)

Solicitei orçamento na gráfica com a qual estou habituado a trabalhar e enviei os arquivos "Como editar seu próprio livro capa.pdf" e "Como editar seu próprio livro miolo.pdf". Telefonei ao responsável pelo recebimento dos arquivos que, após testá-los, me informou que tudo havia corrido bem.

De acordo com o combinado, em poucos dias o livro ficou pronto.

Parte III

O livro independente
(Acontecendo)

Capítulo 13
A distribuição e a venda

Finalmente temos o livro pronto. Talvez você queira dá-lo aos seus amigos, mas comercializá-lo também é uma opção e, para isso, existem algumas boas oportunidades, como a consignação em livrarias e venda pela internet.

Embora não seja fácil, algumas livrarias aceitam a consignação de livros de autores independentes mediante análise. Entre em contato com o departamento de compras de algumas delas e se informe melhor sobre suas possibilidades. Com o crescimento das vendas por internet, é possível ao menos o cadastro do seu livro para vendas on-line.

Antes de enviar seu livro para análise cuide para que esteja bem apresentável. Procure fazer um bom resumo do texto e uma breve e interessante apresentação do autor.

Inicialmente sugerimos que entrem em contato com as seguintes livrarias e *sites*:

- Amazon – www.amazon.com.br
- Livraria da Travessa – www.travessa.com.br
- Livraria da Vila – www.livrariadavila.com.br
- Livraria Cultura – www.livrariacultura.com.br
- Submarino – www.submarino.com.br
- Livraria Saraiva — www.saraiva.com.br

Capítulo 14
A divulgação[9]

A melhor maneira de divulgar um livro é um tema de muita controvérsia, até mesmo entre os profissionais de marketing mais experientes. Não é raro acontecer de um livro com imensa divulgação comercial não atingir um expressivo número de vendas, nem que, gradativamente, um livro timidamente publicado, torne-se um *best-seller*. Obviamente, um livro amplamente divulgado possui mais chances de ser comercialmente bem sucedido, mas a divulgação não é uma ciência exata.

Levando esse fator em consideração, indico a seguir alguns bons caminhos para fazer uma obra chegar ao conhecimento do público e despertar seu interesse:

Formadores de opinião
Tente que algum formador de opinião se interesse pelo seu livro e faça comentários.

Auto assessoria de imprensa
Entre em contato com os principais veículos de comunicação e envie seu livro. (Se você tiver um bom produto e quiser investir, contrate uma Assessoria de Imprensa profissional).

Amigos e conhecidos
Deixe que seus amigos conheçam seu trabalho. Escreva a todos contando que escreveu um livro.

Internet e redes sociais
Divulgue seu livro na internet. Mande o texto para revistas de literatura on-line, críticos que escrevem em site de literatura, redes sociais (twitter, facebook. etc).

---

9 Veja a dica de um site interessante sobre o tema no apêndice "Sugestões de Leitura".

Parte IV

O livro comercial

Apresentando seu original ao editor

Se você optou por enviar seu original a uma editora, prepare-se para percorrer um árduo caminho, no qual até os mais famosos escritores já sofreram algum tipo de tormenta. É verdade, não há sequer um escritor que não tenha uma triste história de recusa e maus tratos por parte dos editores. Contudo, não os culpemos, pois como em inúmeras áreas da atividade humana, os critérios de avaliação são subjetivos e o comportamento de mercado, imprevisível, dificultando muito o trabalho deles. Tendo isso em consideração, qual a melhor maneira de agir?

Quando vamos a uma livraria, quais livros nos despertam atenção? Você compra um livro do qual nunca ouviu falar ou não tem a menor referência? Bem, isso acontece também com os editores e, é essa barreira do interesse, que se deve em primeiro momento vencer. Os editores são pessoas muito ocupadas, principalmente quando se trata de receber coisas das quais nunca ouviram falar. Por isso, é preciso facilitar-lhes a vida, ajudando-os a entender com mais clareza e rapidez seus objetivos e as razões que o levam a crer que vale à pena publicar seu livro. Mais uma vez, não há regras que garantam o sucesso dessa empreitada, mas é preciso tentar para se ter alguma chance. Assim, analisemos alguns cuidados que se deve tomar para aumentar a possibilidade de ser lido e avaliado por uma editora.

O primeiro passo é **escolher a editora mais adequada** para seu livro. Cada editora possui uma linha editorial própria que determina seus assuntos de interesse. Algumas não publicam ficção, outras só publicam poesia ou são especializadas em negócios, etc. Portanto, pesquise, visite os sites das editoras e faça uma análise daquela que melhor se encaixa às suas necessidades. Caso não conheça bem às editoras, vá até uma livraria, procure pela sessão na qual se enquadra seu livro e veja quais são as editoras que estão mais presentes ali.

Escolhida a editora para qual você irá enviar seu original, procure se informar se eles possuem regras para esse envio, se há formatos específicos, se é necessário preencher algum formulário, etc. Envie um e-mail confirmando o endereço para remeter o original e informe que o postará em breve fornecendo antecipadamente o título do livro e o nome do autor.

Apesar de serem variadas as regras para recebimentos de originais, algumas providências são mais que desejadas para causar boa impressão.

Apresentação da obra

Faça uma bem estruturada apresentação do seu livro, na qual deve haver o resumo e os motivos pelos quais você acredita naquela obra. Certifique-se que o começo do seu livro seja ótimo, pois raramente os editores passam das primeiras páginas quando decidem fazer uma análise inicial de um livro.

Apresentação do autor

Crie uma breve apresentação do autor com as principais características e atividades que o autorizam como especialista no tema sobre o qual escreveu.

Carta de referência

Se possível, anexe cartas de referências de autoridades ou pessoas influentes sobre o tema do seu livro. Por exemplo, se você escreveu um romance, tente conseguir cartas de autores famosos que atestem a qualidade da sua literatura.

Original impresso

Nunca envie seu original por e-mail (salvo para as editoras que assim o exigirem). A apresentação visual do seu texto é fundamental para uma boa receptividade.

Apêndice

Dicas dos editores

Luciana Vilas-Boas
Agente literária, ex-editora da Record:

"O principal critério para a decisão de publicar um livro só pode ser a qualidade do texto. É claro que é uma qualidade relativa ao que se propõe o livro. Mas, se estamos falando de ficção, espera-se de um texto uma voz original, com personalidade, densidade psicológica, que conduza uma narrativa capaz de transportar o leitor para um outro universo. Espera-se controle do idioma e intimidade com ele, para poder reinventá-lo e revelar novas formas de dizer as coisas.

Certamente, uma narrativa que pretenda principalmente o entretenimento do leitor pode abrir mão de uma linguagem imensamente sofisticada em seu vocabulário e em suas formas. Uma obra rigorosamente literária apresentará maiores desafios dessa ordem. Mas, pessoalmente, eu estou cada vez mais convencida de que a ficção tem que ter o poder e o compromisso de transportar o leitor para outro universo, tem que fazê-lo transcender de várias maneiras, e isso não acontece quando a obra literária se satisfaz com o frio jogo intelectual da linguagem, sem narrativa, sem gente, sem emoção, ou com a linguagem suja das ruas como manifestação de vanguardice.

Não quero mais publicar livros desse tipo. Mais que isso: entre um romance desse gênero e uma narrativa estritamente de ação, sem qualquer compromisso com a grande literatura, ainda fico com a segunda."

Marcos Pereira
Editora Sextante:

"O primeiro critério, e talvez o mais importante, é o impacto que a leitura do original provoca em mim. Seja pela qualidade do texto, as emoções que despertam ou o desejo de não largar o livro. Em seguida, penso na contribuição que o livro traz, se o tema é original, como o autor se diferencia de seus concorrentes e a que público a obra se destina.

Como a Sextante procura editar livros para uma audiência ampla, praticando um modelo de negócios que combina acessibilidade com qualidade, é importante saber se o título se encaixa neste modelo. Um dos exemplos mais curiosos da nossa história é o livro 'O ócio criativo'. Tomás, meu irmão e sócio na Sextante, ficou fascinado com a obra do Domenico de Masi, e foi até a Itália para conhecê-lo pessoalmente e se candidatar a editá-lo. Isto aconteceu em 1999, quando a Sextante tinha somente um ano de fundação.

O autor tinha uma proposta da Companhia das Letras, mas ficou encantado com a energia do jovem editor, e decidiu apostar em nós. Aplicamos o nosso modelo, oferecendo o livro a um preço muito competitivo, e o resultado são 150 mil exemplares vendidos ao longo de 10 anos de publicação.

Recentemente o mesmo aconteceu com o autor Malcolm Gladwell, cuja obra no Brasil era quase desconhecida, mas decidimos investir no terceiro livro, Fora de Série, que teve um desempenho muito melhor do que as publicações anteriores."

Thereza Christina Rocque da Motta
Editora Ibis Libris:

"1. mande o texto o mais finalizado possível para o editor, com revisão gramatical, ortográfica feitas por um bom revisor. Se não conhecer nem puder contratar um, pergunte se o editor dispõe de quem faça revisão, no entanto, seu texto deve estar praticamente pronto para edição e não pré-finalizado, portanto, antes de mandar o livro para publicação, frequente oficinas literárias, assista a aulas de redação e de criação de texto, invista na sua carreira de escritor, como qualquer outra. Escrever é um ofício, não uma distração, nem terapia, portanto, tem que aprender a escrever bem. Para isso, leia seus autores favoritos: eles ensinarão como escrever melhor.

2. coloque todo o texto num único documento em Word, nada de ficar mandando um poema por arquivo. Isso enlouquece qualquer editor. Coloque os poemas na ordem que quer que sejam publicados, sem quebras de página, sem numeração de folhas, apenas um poema embaixo do outro. Se forem contos, um conto seguido do outro. Se for um romance, um capítulo atrás do outro. Importante: não enfeite, nem edite o texto. Embora o Word seja um editor de texto, ele não serve para editar livros, isso é feito em outro programa de edição. O texto em Word tem que estar o mais enxuto possível, sem fontes diferentes, nem corpo menor ou maior que 12, sem recuo de parágrafo, nem centralização, ou qualquer outra gracinha que o Word oferece. O texto tem que estar limpo, alinhado à esquerda, ou justificado, sem mais de uma linha de separação entre os parágrafos ou poemas (computador não é máquina de escrever, não pode haver espaços manuais entre os textos). Um texto bagunçado ou muito bordado é horrível de revisar: tudo será descartado, portanto não perca tempo com isso.

3. frequente lugares onde haja outros escritores, associações, clubes, academias, grupos, encontros, eventos – descubra quem

já escreve perto de você, procure na internet quem já faz isso. Descobrirá que seus sonhos já são de outras pessoas, que também gostam de escrever. Troque ideias, ouça seus conselhos, leia o que eles escrevem. É importante se descobrir inserido num contexto literário. Escrever é um ato solitário, mas o que for escrito será lido pelos outros. Ninguém escreve só para si, pois se escreve, para que publicar? Frequente livrarias e bibliotecas - ali sempre há escritores à solta, em busca de algum livro interessante. E quando menos esperar, terá amigos que compartilham do mesmo ofício, que têm a mesma paixão: escrever."

Elisa Rosa
Editora José Olympio:

"1- É melhor que o original chegue endereçado a um editor específico, de preferência o responsável pela contratação de novos autores nacionais;

2- O livro precisa começar muito bem. Como são muitos originais para avaliar, se o editor perde o interesse logo nos primeiros parágrafos, as chances de ele parar por ali são grandes;

3- É sempre bom anexar um currículo. Uma mini biografia também;

4- Persista, mas não insista.

5- Não saia distribuindo seu original, como se fosse um panfleto, para qualquer pessoa. Isso desvaloriza o texto. Escolha bem as editoras para as quais quer mandar e invista tempo e paciência nessa relação que pode crescer."

Mariana Warth
Editora Pallas:

"Os critérios são: adequação a nossa linha editorial, qualidade do texto, ineditismo, potencial de mercado. Às vezes, nos apaixonamos por um livro, mas sabemos que ele não vai vender nada, que o interesse é muito pontual, o tema é muito específico e não vale a pena investir nesse título. Outras vezes, o livro é bem escrito, mas 'é mais do mesmo' e não vale a pena produzi-lo."

Diogo Henriques
Ex-editor Língua Geral:

"A primeira coisa que avalio é o texto no seu aspecto mais técnico: gramática, ritmo e ortografia. Dificilmente um livro mal escrito vem a se revelar um livro bom. Como recebemos muitos originais por correio, utilizo esse critério para fazer uma primeira triagem do material que chega. Vencida essa etapa, procuro analisar a coerência interna do texto, se os temas abordados são relevantes, se a linguagem é adequada, a narrativa bem desenvolvida e os personagens, bem construídos. Cada livro tem a sua circunstância e outros fatores podem intervir, mas eu diria que, em termos objetivos, isso é o básico. Se um original preenche esses requisitos, então boa parte do caminho já foi percorrida. Aí entra a questão da subjetividade de quem avalia. Porque não basta qualidade técnica. Um bom texto de ficção precisa ter pegada, atestar a própria relevância. Isso pode se dar de muitas maneiras diferentes, e é um dos grandes desafios dos escritores."

Cassiano Elek Machado
Curador da FLIP, ex-editor da Cosac Naify:

"Aqui na Cosac Naify, única editora na qual trabalhei, publicamos livros de mais de dez gêneros distintos: literatura infantil, moda, design, antropologia, teatro, fotografia, artes plásticas etc. etc. e, dentro do escaninho de literatura temos um espaço mais generoso para clássicos-clássicos, clássicos-modernos (como Faulkner, Bioy Casares etc.) e, depois, um espaço pequeno para poesia, um espaço razoável para literatura contemporânea estrangeira e outro para literatura contemporânea brasileira. Ou seja, na prática, fazemos um ou dois romances brasileiros por ano, e olhe lá. Destarte, o que eu procuro como editor, e veja que esta minha visão é vincada pelas contingências do lugar onde trabalho, é um projeto que seja marcadamente diferente: seja na maneira de narrar, seja no tema, seja na apresentação gráfica (o romance pode incluir imagens, por exemplo, ou algo assim). A linguagem, muito mais do que o enredo, é o que interessa. É claro que sonho, como qualquer outro, encontrar também alguma prosa límpida, magnífica e fluida no meio do aluvião, mas isso também não é fácil."

Impressão sob demanda

Procure se informar quais são as gráficas de impressão sob demanda que melhor atendem suas necessidades.

No Rio de Janeiro estou acostumado a trabalhar com a **Letras e Versos.** São muito profissionais, têm bons preços e bom prazo de entrega. Fazem tiragens mínimas de 10 exemplares. Com a vantagem de ter um orçamento expresso no site.

- **Letras e Versos**
http://www.letraseversos.com.br/

Há também o site **Clube de Autores** que me pareceu uma excelente alternativa para quem pretende se lançar como autor independente. Segundo eles explicam você pode disponibilizar seu livro para venda on-line sem necessidade de tê-lo impresso. Quando alguém compra o livro pelo site, ele então é impresso e enviado para o cliente.

www.clubedeautores.com.br

Sugestões de leitura

A bíblia da edição de livros no Brasil. Provavelmente, qualquer dúvida que você tenha sobre publicação terá sua solução dentro deste livro. Fundamental para qualquer pessoa que queira entender o processo de produção do livro:

- ARAÚJO, Emanuel. *A construção do livro*. Rio de Janeiro: Editora Lexikon, 2008.

Um divertido livro de ficção no qual o autor relata diversos tipos de recusa de originais. Se você quer ser escritor, em algum momento da sua vida irá receber alguma dessas "desculpas":

- ROY, Camilien. *A arte de recusar um original.* Rio de Janeiro: Rocco, 2009.

Para entender mais sobre como os leitores compram livros:

- MÜLLER, Leandro. *O consumidor de livros: prática de com portamento em livrarias.* Rio de Janeiro: editora Ilustração, 2015.

Na internet também é possível encontrar muitas dicas sobre edição de livros. Recomendo que não deixe de olhar o site da **Universidade de Autores** que disponibiliza gratuitamente aulas básicas sobre divulgação, diagramação e ISBN.

- www.clubedeautores.com.br/webpage/universidade-do-autor

Procure conhecer o projeto **Carreira Literária**, uma comunidade on-line de escritores, com cursos e muito mais para te ensinar como se tornar um escritor melhor se inserir no mercado.

- www.carreiraliteraria.com